HELLO KITTY

Cherche et trouve

hachette
JEUNESSE

C'est la fête !

La fête foraine s'est installée en ville ! Aide Mimmy à trouver Hello Kitty dans la foule avant qu'elle ne dévore toutes les barbes à papa toute seule…

Sauras-tu retrouver cette image de Hello Kitty ?

CONFISERIES
BIENVENUE !

Rock'n'roll

La salle du concert de ce soir est remplie de fans ! Le groupe a commencé à jouer. Mimmy a rendez-vous avec Hello Kitty, mais elle est introuvable…

Sauras-tu retrouver cette image de Hello Kitty ?

Hello Kitty

Sur le sable

Derrière un palmier, dans l'eau, sur un transat... Hello Kitty passe son après-midi à la plage, mais Mimmy ne la voit pas !

Sauras-tu retrouver cette image de Hello Kitty ?

1
2
3

Une balade au parc

Par une belle matinée ensoleillée, Mimmy cherche sa sœur au parc. Près du lac, sur le chemin, sur l'herbe ? Il y a tellement de monde…

Sauras-tu retrouver cette image de Hello Kitty ?

HK
HK
76

Citrouilles et bonbons

La meilleure amie de Hello Kitty, Fifi, a organisé une grande soirée pour Halloween. Tous les invités sont déguisés !

Sauras-tu retrouver cette image de Hello Kitty ?

Que le meilleur gagne !

C'est une journée spéciale sport au stade de l'école. Football, baseball, tennis… Chacun choisit son sport préféré.

Sauras-tu retrouver cette image de Hello Kitty ?

HK 76

En route !

Hello Kitty et ses copains font une sortie de classe. Mais elle était tellement en retard ce matin qu'elle a mis une chaussure rouge et une chaussure rose !

Sauras-tu retrouver l'image de Hello Kitty ayant une chaussure rouge et une chaussure rose ?

BUS
STOP

L'heure du goûter

Le salon de thé est bondé en ce jour de pluie. Hello Kitty est débordée ! Elle passe de tables en tables pour servir tous les clients.

Hello Kitty
76

Tenue de soirée

La fête de fin d'année arrive enfin.
Boule à facettes, jolies robes et musique.
Tout le monde se presse sur la piste de danse.

Sauras-tu retrouver cette image de Hello Kitty ?

Solutions

Tenue de soirée

L'heure du goûter

En route !

Que le meilleur gagne !

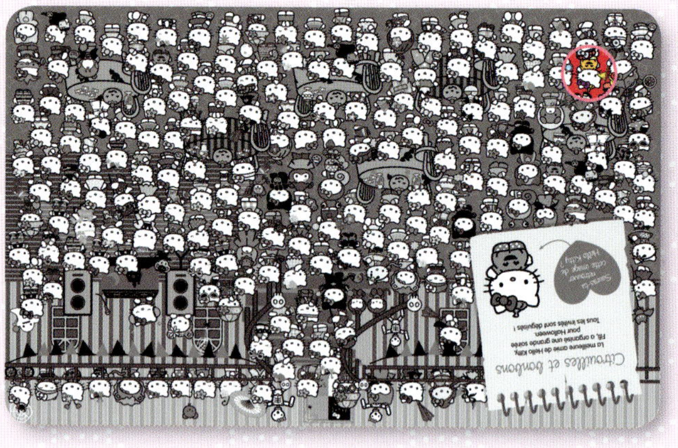

Citrouilles et bonbons

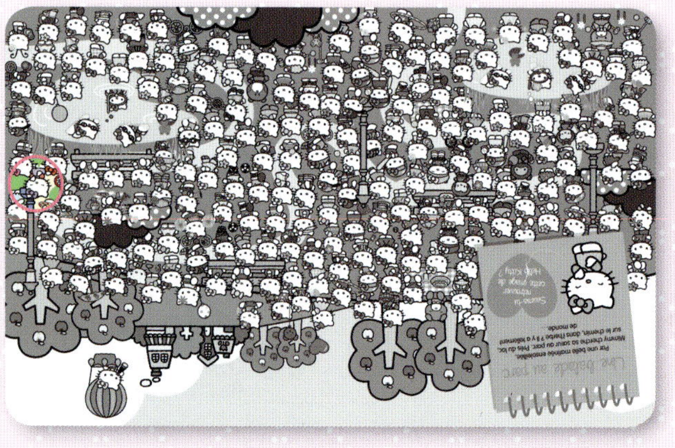

Une balade au parc

Sur le sable

Rock'n roll

C'est la fête !